As a Man Thinketh

James Allen

PAGES PLANET PUBLISHING

Publié par

ÉDITIONS PAGES PLANET

Courriel: pagesplanetpublishing@gmail.com

Pour plus de détails ou pour toute demande de renseignements, veuillez contacter l'éditeur à l'adresse e-mail ci-dessus.

Publié pour la première fois par Pages Planet Publishing en 2024

AVANT-PROPOS

Ce petit volume (fruit de la méditation et de l'expérience) n'a pas pour but d'être un traité exhaustif sur le sujet souvent écrit de la puissance de la pensée. Il est suggestif plutôt qu'explicatif, son objet étant de stimuler les hommes et les femmes à la découverte et à la perception de la vérité que...

« Ils sont eux-mêmes des fabricants d'eux-mêmes. »

en vertu des pensées qu'ils choisissent et encouragent ; Cet esprit est le maître-tisserand, à la fois du vêtement intérieur du caractère et du vêtement extérieur des circonstances, et que, comme ils ont pu jusqu'à présent tisser dans l'ignorance et la douleur, ils peuvent maintenant tisser dans l'illumination et le bonheur.

JAMES ALLEN. BROAD PARK AVENUE,
ILFRACOMBE,ANGLETERRE

PENSÉE ET CARACTÈRE

L'aphorisme: « Tel qu'un homme pense dans son cœur tel il est », non seulement embrasse tout l'être de l'homme, mais il est si complet qu'il s'étend à toutes les conditions et à toutes les circonstances de sa vie. Un homme est littéralement *ce qu'il pense,* son caractère étant la somme complète de toutes ses pensées.

De même que la plante jaillit de la graine et ne pourrait être sans elle, de même chaque acte de l'homme jaillit des graines cachées de la pensée et n'aurait pas pu apparaître sans elles. Cela s'applique aussi bien aux actes dits « spontanés » et « non prémédités » qu'à ceux qui sont délibérément exécutés.

L'acte est la fleur de la pensée, et la joie et la souffrance en sont les fruits ; C'est ainsi que l'homme récolte les fruits doux et amers de sa propre agriculture.

« La pensée dans l'esprit nous a faits, ce que nous sommesPar
la pensée a été forgé et construit. Si l'esprit d'un homme a de
mauvaises pensées, la douleur vient sur lui comme vientLa
roue le bœuf derrière...

.. Si quelqu'un endure dans la pureté de sa pensée, la joie le suit comme sa propre ombre, bien sûr.

L'homme est une croissance par la loi, et non une création par l'artifice, et la cause et l'effet sont aussi absolus et indéviants dans le domaine caché de la pensée que dans le monde des choses visibles et matérielles. Un caractère noble et divin n'est pas une chose de faveur ou de hasard, mais est le résultat naturel d'un effort continu dans la pensée juste, l'effet d'une association longtemps chérie avec des pensées divines. Un caractère ignoble et bestial, par le même processus, est le résultat de l'alimentation continuelle de pensées rampantes.

L'homme est fait ou défait par lui-même ; Dans l'arsenal de la pensée, il forge les armes avec lesquelles il se détruit lui-même

; Il façonne aussi les outils avec lesquels il se construit des demeures célestes de joie, de force et de paix. Par le bon choix et la véritable application de la pensée, l'homme s'élève à la Perfection divine ; Par l'abus et la mauvaise application de la pensée, il descend au-dessous du niveau de la bête. Entre ces deux extrêmes se trouvent tous les degrés de caractère, et l'homme en est le créateur et le maître.

De toutes les belles vérités relatives à l'âme qui ont été restaurées et mises en lumière dans cette ère, aucune n'est plus réjouissante ou féconde de promesses et de confiance divines que celle-ci : l'homme est le maître de la pensée, le façonneur du caractère, et le créateur et le façonneur de la condition, de l'environnement et de la destinée.

En tant qu'être de Puissance, d'Intelligence et d'Amour, et le seigneur de ses propres pensées, l'homme détient la clé de chaque situation et contient en lui-même cet agent transformateur et régénérateur par lequel il peut se faire ce qu'il veut.

L'homme est toujours le maître, même dans son état le plus faible et le plus abandonné ; mais dans sa faiblesse et sa dégradation, il est le maître insensé qui gouverne mal sa « maison ». Lorsqu'il commence à réfléchir sur sa condition et à rechercher diligemment la Loi sur laquelle son être est établi, il devient alors le maître sage, dirigeant ses énergies avec intelligence et façonnant ses pensées vers des résultats fructueux. Tel est le *maître conscient*, et l'homme ne peut devenir ainsi qu'en découvrant *en lui-même* les lois de la pensée, découverte qui est entièrement une question d'application, d'auto-analyse et d'expérience.

Ce n'est que par beaucoup de recherches et d'exploitation minière que l'or et les diamants sont obtenus, et que l'homme peut trouver toutes les vérités liées à son être, s'il veut creuser profondément dans la mine de son âme ; et qu'il est le créateur de son caractère, le façonneur de sa vie et le constructeur de sa destinée, il peut le prouver infailliblement, s'il observe, contrôle et modifie ses pensées, retraçant leurs effets sur lui-même, sur les autres, sur sa vie et sur les circonstances, reliant la cause et l'effet par une pratique et une enquête patientes, et utilisant chacune de ses expériences, même à l'événement le plus trivial, quotidien, comme moyen d'obtenir cette connaissance de lui-même qui est Compréhension, Sagesse, Puissance. Dans cette direction, comme dans aucune autre, se trouve la loi absolue : « Celui qui cherche trouve ; et à celui qui frappe, on l'ouvrira, car ce n'est que par la patience, la pratique et l'importunité incessante qu'un homme peut franchir la porte du temple de la connaissance.

EFFET DE LA PENSÉE SUR LES CIRCONSTANCES

L'esprit de l'homme peut être comparé à un jardin qu'on peut cultiver intelligemment ou laisser courir à l'état sauvage ; mais, qu'il soit cultivé ou négligé, il doit et il doit *produire.* Si l'on n'y *met pas de graines utiles* , une abondance de graines de mauvaises herbes inutiles y tombera et continuera à produire leur espèce.

De même qu'un jardinier cultive sa parcelle, la gardant exempte de mauvaises herbes et cultivant les fleurs et les fruits dont il a besoin, de même un homme peut entretenir le jardin de son esprit, éliminant toutes les pensées fausses, inutiles et impures, et cultivant vers la perfection les fleurs et les fruits des pensées justes, utiles et pures. En poursuivant ce processus, l'homme découvre tôt ou tard qu'il est le maître-jardinier de son âme, le directeur de sa vie. Il révèle aussi, en lui-même, les lois de la pensée, et comprend, avec une précision toujours croissante, comment les forces de la pensée et les éléments de l'esprit opèrent dans la formation de son caractère, de ses circonstances et de sa destinée.

La pensée et le caractère ne font qu'un, et comme le caractère ne peut se manifester et se découvrir qu'à travers l'environnement et les circonstances, les conditions extérieures de la vie d'une personne se trouveront toujours harmonieusement liées à son état intérieur. Cela ne signifie pas que la situation d'un homme à un moment donné soit une indication de son *caractère entier*, mais que ces circonstances sont si intimement liées à un élément vital de la pensée en lui-même que, pour le moment, elles sont indispensables à son développement.

Tout homme est là où il est par la loi de son être ; Les pensées qu'il a construites dans son caractère l'y ont amené, et dans l'arrangement de sa vie, il n'y a pas d'élément de hasard, mais tout est le résultat d'une loi qui ne peut pas se tromper. C'est tout aussi vrai de ceux qui se sentent « en désaccord » avec leur environnement que de ceux qui s'en contentent.

En tant qu'être progressif et évolutif, l'homme est là où il est pour qu'il puisse apprendre afin qu'il puisse grandir ; et à mesure qu'il apprend la leçon spirituelle que toute circonstance contient pour lui, elle passe et fait place à d'autres circonstances.

L'homme est secoué par les circonstances tant qu'il croit qu'il est la créature des conditions extérieures, mais lorsqu'il se rend compte qu'il est une puissance créatrice et qu'il peut commander le sol caché et les graines de son être à partir desquelles les circonstances poussent, il devient alors le maître légitime de lui-même.

Que les circonstances naissent de la pensée, tout homme connaît qui a pratiqué pendant un certain temps la maîtrise de soi et la purification de soi, car il aura remarqué que le changement de sa situation a été en proportion exacte avec son état mental modifié. Cela est si vrai que lorsqu'un homme s'applique sérieusement à remédier aux défauts de son caractère, et qu'il fait des progrès rapides et marqués, il passe rapidement par une succession de vicissitudes.

L'âme attire ce qu'elle abrite secrètement ; ce qu'il aime, et aussi ce qu'il craint ; elle atteint la hauteur de ses aspirations les plus chères ; elle tombe au niveau de ses désirs non châtiés, et les circonstances sont le moyen par lequel l'âme reçoit les siens.

Chaque graine de pensée semée ou laissée tomber dans l'esprit et y prendre racine, produit la sienne, s'épanouissant tôt ou tard dans l'acte, et portant son propre fruit d'opportunités et de circonstances. Les bonnes pensées portent de bons fruits, les mauvaises pensées de mauvais fruits.

Le monde extérieur des circonstances se forme au monde intérieur de la pensée, et les conditions extérieures agréables et désagréables sont des facteurs qui contribuent au bien ultime de l'individu. En tant que moissonneur de sa propre moisson, l'homme apprend à la fois par la souffrance et la félicité.

En suivant les désirs, les aspirations, les pensées les plus intimes, par lesquels il se laisse dominer (en poursuivant les feux follets des imaginations impures ou en marchant fermement sur la route de l'effort fort et élevé), l'homme parvient enfin à leur réalisation et à leur accomplissement dans les conditions extérieures de sa vie. Les lois de la croissance et de l'ajustement s'appliquent partout.

Un homme n'arrive pas à l'hospice ou à la prison par la tyrannie du destin ou des circonstances, mais par le chemin des pensées rampantes et des désirs bas. Un homme pur d'esprit ne tombe pas non plus soudainement dans le crime sous l'influence d'une simple force extérieure ; La pensée criminelle avait longtemps été secrètement entretenue dans le cœur, et l'heure de l'occasion révéla sa puissance accumulée. Les circonstances ne font pas l'homme ; il le révèle à lui-même Aucune condition telle que celle de descendre dans le vice et les souffrances qui l'accompagnent en dehors des inclinations vicieuses, ou de s'élever vers la vertu et son pur bonheur sans la culture continue d'aspirations vertueuses ; Et l'homme, par conséquent, en tant que Seigneur et Maître de la Pensée, est le créateur de lui-même, le façonneur et l'auteur de l'environnement. Dès sa naissance, l'âme revient à elle-même et, à chaque pas de son pèlerinage terrestre, elle attire les combinaisons de conditions qui se révèlent, qui sont le reflet de sa propre pureté et, de l'impureté, de sa force et de sa faiblesse.

Les hommes n'attirent pas ce qu'ils *veulent,* mais ce qu'ils *sont.* Leurs caprices, leurs fantaisies et leurs ambitions sont contrariés à chaque pas, mais leurs pensées et leurs désirs les plus intimes sont nourris de leur propre nourriture, qu'elle soit immonde ou pure. La « divinité qui façonne nos fins » est en nous-mêmes ; c'est nous-mêmes. Lui seul menotte l'homme : la pensée et l'action sont les geôliers du destin : elles emprisonnent, étant viles ; ils sont aussi les anges de la Liberté, ils libèrent, ils sont nobles. Ce n'est pas ce qu'il souhaite et ce pour quoi il prie, ce qu'un homme obtient, mais ce qu'il gagne justement. Ses souhaits et ses prières ne sont satisfaits et exaucés que lorsqu'ils s'harmonisent avec ses pensées et ses actions.

À la lumière de cette vérité, quel est donc le sens de « lutter contre les circonstances » ? Cela signifie qu'un homme se révolte continuellement contre un *effet* extérieur, tandis qu'il nourrit et conserve tout le temps sa *cause* dans son cœur. Cette cause peut prendre la forme d'un vice conscient ou d'une faiblesse inconsciente ; mais quoi qu'il en soit, il retarde obstinément les efforts de celui qui le possède, et réclame ainsi à haute voix un remède.

Les hommes sont impatients d'améliorer leur situation, mais ne veulent pas s'améliorer eux-mêmes ; Ils restent donc liés. L'homme qui ne recule pas devant l'auto-crucifixion ne peut jamais manquer d'accomplir l'objet sur lequel son cœur est fixé. Cela est vrai aussi bien des choses terrestres que des choses célestes. Même l'homme dont le seul objet est d'acquérir des richesses doit être prêt à faire de grands sacrifices personnels avant de pouvoir atteindre son but ; Et combien plus encore celui qui réaliserait une vie forte et bien équilibrée ?

Voici un homme qui est misérablement pauvre. Il est extrêmement désireux que son environnement et le confort de sa maison soient améliorés, mais il se dérobe constamment à son travail et considère qu'il a raison d'essayer de tromper son employeur sur la base de l'insuffisance de son salaire. Un tel homme ne comprend pas les rudiments les plus simples de ces principes qui sont la base de la vraie prospérité, et non seulement il est totalement inapte à sortir de sa misère, mais il attire en fait à lui une misère encore plus profonde en demeurant dans des pensées indolentes, trompeuses et non viriles.

Voici un homme riche qui est victime d'une maladie douloureuse et persistante à cause de la gourmandise. Il est prêt à donner de grosses sommes d'argent pour s'en débarrasser, mais il ne sacrifiera pas ses désirs gloutons. Il veut satisfaire son goût pour les mets riches et non naturels et avoir sa santé aussi. Un tel homme est totalement inapte à avoir la santé, parce qu'il n'a pas encore appris les premiers principes d'une vie saine.

Voici un employeur qui adopte des mesures malhonnêtes pour éviter de payer le salaire réglementaire et, dans l'espoir de faire de plus gros profits, réduit les salaires de ses ouvriers. Un tel homme est tout à fait inapte à la prospérité, et quand il se trouve en banqueroute, tant au titre de la réputation que de la richesse, il blâme les circonstances, ne sachant pas qu'il est le seul auteur de sa condition.

J'ai présenté ces trois cas simplement pour illustrer la vérité que l'homme est la cause (bien qu'il soit presque toujours inconsciemment) de sa situation, et que, tout en visant une bonne fin, il frustre continuellement son accomplissement en encourageant des pensées et des désirs qui ne peuvent pas s'harmoniser avec cette fin. De tels cas pourraient être multipliés et variés presque indéfiniment, mais ce n'est pas nécessaire, car le lecteur peut, s'il le décide, retracer l'action des lois de la pensée dans son propre esprit et dans sa propre vie, et jusqu'à ce que cela soit fait, de simples faits extérieurs ne peuvent servir de base de raisonnement.

Les circonstances, cependant, sont si compliquées, la pensée est si profondément enracinée, et les conditions du bonheur varient tellement, considérablement d'un individu à l'autre, que l'état entier de l'âme d'un homme (bien qu'il puisse être connu de lui-même) ne peut être jugé par un autre du seul aspect extérieur de sa vie. Un homme peut être honnête dans certaines directions, mais souffrir des privations ; Un homme peut être malhonnête dans certaines directions, mais acquérir de la richesse ; Mais la conclusion généralement formulée que l'un échoue *à cause de son honnêteté particulière,* et que l'autre *prospère à cause de sa malhonnêteté particulière,* est le résultat d'un jugement superficiel, qui suppose que l'homme malhonnête est presque totalement corrompu, et l'homme honnête presque entièrement vertueux. À la lumière d'une connaissance plus profonde et d'une expérience plus large, un tel jugement s'avère erroné. L'homme malhonnête peut avoir des vertus admirables, que l'autre n'a pas ; et l'honnête homme des vices odieux qui sont absents chez l'autre. L'homme honnête récolte les bons résultats de ses pensées et de ses actes honnêtes ; Il attire aussi sur lui-même les souffrances que ses vices produisent. L'homme malhonnête recueille également sa propre souffrance et son propre bonheur.

Il plaît à la vanité humaine de croire qu'on souffre à cause de sa vertu ; Mais ce n'est que lorsqu'un homme a extirpé de son esprit toute pensée maladive, amère et impure, et lavé toute tache pécheresse de son âme, qu'il peut être en mesure de savoir et de déclarer que ses souffrances sont le résultat de ses bonnes qualités et non de ses mauvaises qualités ; et sur le chemin de, bien avant qu'il n'ait atteint, cette perfection suprême, il aura trouvé, à l'œuvre dans son esprit et dans sa vie, la Grande Loi qui est absolument juste, et qui ne peut donc pas donner le bien pour le mal, le mal pour le bien. Possédant une telle connaissance, il saura alors, en regardant en arrière son ignorance et son aveuglement passés, que sa vie est, et a toujours été, justement ordonnée, et que toutes ses expériences passées, bonnes et mauvaises, ont été le résultat équitable de son moi en évolution, mais non évolué.

Les bonnes pensées et les bonnes actions ne peuvent jamais produire de mauvais résultats ; Les mauvaises pensées et les mauvaises actions ne peuvent jamais produire de bons résultats. C'est dire que rien ne peut venir du maïs que du maïs, rien des orties que des orties. Les hommes comprennent cette loi dans le monde naturel, et travaillent avec elle ; Mais peu de gens la comprennent dans le monde mental et moral (bien que son fonctionnement y soit tout aussi simple et invariable), et ils ne coopèrent donc pas avec elle.

La souffrance est *toujours* l'effet d'une pensée erronée dans une certaine direction. C'est une indication que l'individu n'est pas en harmonie avec lui-même, avec la Loi de son être. L'usage unique et suprême de la souffrance est de purifier, d'épuiser tout ce qui est inutile et impur. La souffrance cesse pour celui qui est pur. Il ne pouvait y avoir d'objet à brûler de l'or après que les scories avaient été enlevées, et un être parfaitement pur et éclairé ne pouvait pas souffrir.

Les circonstances qu'un homme rencontre avec la souffrance sont le résultat de son propre mental en harmonie. Les circonstances qu'un homme rencontre avec béatitude sont le résultat de sa propre harmonie mentale. La béatitude, et non les possessions matérielles, est la mesure de la pensée juste ; La misère, et non le manque de biens matériels, est la mesure de la mauvaise pensée. Un homme peut être maudit et riche ; qu'il soit béni et pauvre. La béatitude et les richesses ne sont réunies que lorsque les richesses sont utilisées correctement et sagement ; et le pauvre ne sombre dans la misère que lorsqu'il considère son sort comme un fardeau injustement imposé.

L'indigence et l'indulgence sont les deux extrêmes de la misère. Ils sont tous deux tout aussi artificiels et le résultat d'un trouble mental. Un homme n'est pas correctement conditionné tant qu'il n'est pas un être heureux, en bonne santé et prospère ; Et le bonheur, la santé et la prospérité sont le résultat d'un ajustement harmonieux de l'intérieur avec l'extérieur, de l'homme avec son environnement.

Un homme ne commence à être un homme que lorsqu'il cesse de pleurnicher et d'injurier, et commence à rechercher la justice cachée qui règle sa vie. Et à mesure qu'il adapte son esprit à ce facteur régulateur, il cesse d'accuser les autres d'être la cause de sa condition, et s'édifie dans des pensées fortes et nobles ; Il cesse de lutter contre les circonstances, mais commence à *les utiliser* comme des aides à ses progrès plus rapides et comme un moyen de découvrir les pouvoirs et les possibilités cachés en lui-même.

La loi, et non la confusion, est le principe dominant dans l'univers ; La justice, et non l'injustice, est l'âme et la substance de la vie ; et c'est la justice, et non la corruption, qui est la force qui façonne et anime le gouvernement spirituel du monde. Cela étant, l'homme n'a qu'à se redresser pour trouver que l'univers est droit ; Et pendant le processus de se redresser, il découvrira qu'à mesure qu'il modifie ses pensées envers les choses et les autres, les choses et les autres personnes changeront envers lui.

La preuve de cette vérité est en chaque personne, et elle admet donc une investigation facile par l'introspection systématique et l'auto-analyse. Qu'un homme modifie radicalement ses pensées, et il sera étonné de la transformation rapide que cela produira dans les conditions matérielles de sa vie. Les hommes s'imaginent que la pensée peut être gardée secrète, mais elle ne le peut pas ; elle se cristallise rapidement en habitude, et l'habitude se solidifie en circonstances. Les pensées bestiales se cristallisent en habitudes d'ivresse et de sensualité, qui se solidifient en circonstances de misère et de maladie ; les pensées impures de toutes sortes se cristallisent en habitudes énervantes et déroutantes, qui se solidifient en circonstances distrayantes et défavorables ; les pensées de peur, de doute et d'indécision se cristallisent en habitudes faibles, non viriles et irrésolues, qui se solidifient en circonstances d'échec, d'indigence et de dépendance servile : Les pensées paresseuses se cristallisent en habitudes de malpropreté et de malhonnêteté, qui se solidifient en circonstances de méchanceté et de mendicité ; les pensées haineuses et condamnatoires se cristallisent en habitudes d'accusation et de violence, qui se solidifient en circonstances d'injure et de persécution ; les pensées égoïstes de toutes sortes se cristallisent en habitudes de recherche personnelle, qui se solidifient en circonstances plus ou moins pénibles. D'autre part, les belles pensées de toutes sortes se cristallisent en habitudes de grâce et de bonté, qui se solidifient en circonstances agréables et ensoleillées ; les pensées pures se cristallisent en habitudes de tempérance et de maîtrise de soi, qui se solidifient en circonstances de repos et de paix ; les pensées de courage, d'autonomie et de décision se cristallisent en habitudes viriles, qui se solidifient en circonstances de succès. L'abondance et la liberté : les pensées énergiques se cristallisent en habitudes de propreté et d'industrie, qui se solidifient en circonstances agréables ; les pensées douces et indulgentes se cristallisent en habitudes de douceur, qui se solidifient en circonstances protectrices et conservatrices ; les pensées aimantes et désintéressées se cristallisent en habitudes d'oubli de soi pour les autres, qui se solidifient en circonstances de prospérité sûre et durable et de vraies richesses.

Un certain courant de pensée persisté, qu'il soit bon ou mauvais, ne peut manquer de produire ses résultats sur le caractère et les circonstances. Un homme ne peut pas *choisir directement* ses circonstances, mais il peut choisir ses pensées, et ainsi indirectement, mais sûrement, façonner ses circonstances.

La nature aide chaque homme à satisfaire les pensées qu'il encourage le plus, et des occasions se présentent qui feront remonter le plus rapidement à la surface les bonnes et les mauvaises pensées.

Qu'un homme cesse ses pensées pécheresses, et tout le monde s'adoucira à son égard, et sera prêt à l'aider ; qu'il se débarrasse de ses pensées faibles et maladives, et voici, des occasions se présenteront de toutes parts pour aider ses fortes résolutions ; Qu'il encourage les bonnes pensées, et aucun destin dur ne le liera à la misère et à la honte. Le monde est votre kaléidoscope, et les combinaisons variées de couleurs qu'il vous présente à chaque instant sont les images exquisément ajustées de vos pensées toujours en mouvement.

« Tu seras donc ce que tu veux être ; Que l'échec trouve son faux contenuDans ce pauvre mot « environnement », mais l'esprit le méprise et est libre.

« Il maîtrise le temps, il conquiert l'espace ; Il intimide ce vantard filant, le hasard, et ordonne au tyran de ne couronner et de remplir la place d'un serviteur.

"La volonté humaine, cette force invisible,La progéniture d'une âme immortelle,Peut se frayer un chemin vers n'importe quel but,Bien que des murs de granit interviennent.

« Ne t'impatiente pas dans les retards, mais attends comme quelqu'un qui comprend ; Quand l'esprit se lève et commande, les dieux sont prêts à obéir.

EFFET DE LA PENSÉE SUR LA SANTÉ ET LE CORPS

LE corps est le serviteur de l'esprit. Il obéit aux opérations de l'esprit, qu'elles soient délibérément choisies ou qu'elles soient exprimées automatiquement. Sous l'ordre de pensées illicites, le corps sombre rapidement dans la maladie et la décomposition ; Sous l'ordre de pensées heureuses et belles, il se revêt de jeunesse et de beauté.

La maladie et la santé, comme les circonstances, sont enracinées dans la pensée. Les pensées malades s'exprimeront à travers un corps malade. On sait que les pensées de peur tuent un homme aussi rapidement qu'une balle, et elles tuent continuellement des milliers de personnes tout aussi sûrement, bien que moins rapidement. Les gens qui vivent dans la peur de la maladie sont ceux qui l'attrapent. L'anxiété démoralise rapidement tout le corps et l'expose à l'entrée de la maladie ; tandis que les pensées impures, même si elles ne sont pas physiquement satisfaites, briseront bientôt le système nerveux.

Des pensées fortes, pures et heureuses édifient le corps en vigueur et en grâce. Le corps est un instrument délicat et plastique, qui répond facilement aux pensées qui l'impressionnent, et les habitudes de pensée produisent sur lui leurs propres effets, bons ou mauvais.

Les hommes continueront d'avoir du sang impur et empoisonné, tant qu'ils propageront des pensées impures. D'un cœur pur naît une vie pure et un corps pur. D'un esprit souillé procède une vie souillée et un corps corrompu. La pensée est la source de l'action, de la vie et de la manifestation ; Pures les fontaines, et tout sera pur.

Un changement de régime n'aidera pas un homme qui ne changera pas ses pensées. Quand un homme purifie ses pensées, il ne désire plus de nourriture impure.

Les pensées pures font des habitudes propres. Le soi-disant saint qui ne lave pas son corps n'est pas un saint. Celui qui a fortifié et purifié ses pensées n'a pas besoin de considérer le microbe malveillant.

Si vous voulez protéger votre corps, protégez votre esprit. Si vous voulez renouveler votre corps, embellissez votre esprit. Les pensées de méchanceté, d'envie, de déception, de découragement, privent le corps de sa santé et de sa grâce. Un visage aigri n'est pas le fruit du hasard ; Il est fait de pensées aigres. Les rides qui gâchent sont dessinées par la folie, la passion et l'orgueil.

Je connais une femme de quatre-vingt-seize ans qui a le visage brillant et innocent d'une jeune fille. Je connais un homme bien au-dessous de l'âge mûr dont le visage est dessiné dans des contours inharmonieux. L'une est le résultat d'une disposition douce et ensoleillée ; l'autre est le résultat de la passion et du mécontentement.

De même que vous ne pouvez pas avoir une demeure douce et saine à moins que vous n'admettiez librement l'air et le soleil dans vos chambres, de même un corps fort et un visage lumineux, heureux ou serein ne peuvent résulter que de l'admission libre dans l'esprit de pensées de joie, de bonne volonté et de sérénité.

Sur les visages des vieillards, il y a des rides faites par la sympathie, d'autres par une pensée forte et pure, et d'autres encore sont sculptées par la passion : qui ne les distingue pas ? Pour ceux qui ont vécu dans la justice, l'âge est calme, paisible et doucement adouci, comme le soleil couchant. J'ai récemment vu un philosophe sur son lit de mort. Il n'était vieux, sauf en âge. Il mourut aussi doucement et paisiblement qu'il avait vécu.

Il n'y a pas de médecin comme une pensée joyeuse pour dissiper les maux du corps ; Il n'y a pas de consolateur comparable à la bonne volonté pour dissiper les ombres du chagrin et de la tristesse. Vivre continuellement dans des pensées de mauvaise volonté, de cynisme, de suspicion et d'envie, c'est être enfermé dans un trou de prison qu'il s'est lui-même créé. Mais avoir une bonne opinion de tous, être joyeux avec tous, apprendre patiemment à trouver le bien en tous, de telles pensées désintéressées sont les portes mêmes du ciel ; Et demeurer jour après jour dans des pensées de paix envers chaque créature apportera une paix abondante à son possesseur.

PENSÉE ET OBJECTIF

Tant que la pensée n'est pas liée à un but, il n'y a pas d'accomplissement intelligent. Avec la majorité, l'écorce de la pensée est laissée « dériver » sur l'océan de la vie. L'absence de but est un vice, et une telle dérive ne doit pas continuer pour celui qui voudrait éviter la catastrophe et la destruction.

Ceux qui n'ont pas de but central dans leur vie deviennent une proie facile pour les petits soucis, les peurs, les problèmes et l'apitoiement sur soi-même, qui sont tous des signes de faiblesse, qui conduisent, tout aussi sûrement que délibérément planifiés des péchés (bien que par un chemin différent), à l'échec, au malheur et à la perte, car la faiblesse ne peut pas persister dans un univers en évolution de puissance.

Un homme doit concevoir un but légitime dans son cœur et se mettre en route pour l'accomplir. Il doit faire de ce but le point centralisateur de sa pensée. Il peut prendre la forme d'un idéal spirituel, ou il peut être un objet mondain, selon sa nature du moment ; mais quoi qu'il en soit, il doit concentrer constamment ses forces de pensée sur l'objet qu'il a placé devant lui. Il devrait faire de ce dessein son devoir suprême et devrait se consacrer à sa réalisation, ne permettant pas à ses pensées de s'égarer dans des fantaisies, des désirs et des imaginations éphémères. C'est la voie royale vers la maîtrise de soi et la véritable concentration de la pensée. Même s'il échoue encore et encore à accomplir son but (comme il doit nécessairement le faire jusqu'à ce que la faiblesse soit surmontée), la *force de caractère acquise* sera la mesure de *son véritable* succès, et cela formera un nouveau point de départ pour la puissance et le triomphe futurs.

Ceux qui ne sont pas préparés à l'appréhension d'un *grand* dessein devraient fixer leurs pensées sur l'accomplissement irréprochable de leur devoir, peu importe à quel point leur tâche peut sembler insignifiante. Ce n'est qu'ainsi que les pensées peuvent être rassemblées et focalisées, et que la résolution et l'énergie peuvent être développées, ce qui étant fait, il n'y a rien qui ne puisse être accompli.

L'âme la plus faible, connaissant sa propre faiblesse, et croyant cette vérité que la *force ne peut être développée que par l'effort et la pratique,* commencera, croyant ainsi, à se dépenser et, ajoutant effort à effort, patience à patience, force à force, ne cessera jamais de se développer et finira par devenir divinement forte.

De même que l'homme physiquement faible peut se rendre fort par un entraînement minutieux et patient, de même l'homme aux pensées faibles peut les rendre fortes en s'exerçant à la pensée juste.

Mettre de côté l'absence de but et la faiblesse, et commencer à penser avec un but, c'est entrer dans les rangs de ceux qui sont forts et qui ne reconnaissent l'échec que comme l'une des voies vers l'accomplissement ; qui font en sorte que toutes les conditions leur servent, et qui pensent fortement, tentent sans crainte et accomplissent magistralement.

Ayant conçu son but, l'homme doit tracer mentalement un chemin *droit* vers sa réalisation, en ne regardant ni à droite ni à gauche. Les doutes et les craintes doivent être rigoureusement exclus ; Ce sont des éléments qui se désagrègent, qui brisent la ligne droite de l'effort, la rendant tordue, inefficace, inutile. Les pensées de doute et de peur n'ont jamais rien accompli et ne le pourront jamais. Ils mènent toujours à l'échec. Le but, l'énergie, le pouvoir de faire et toutes les pensées fortes cessent lorsque le doute et la peur s'insinuent.

La volonté de faire jaillit de la connaissance que nous *pouvons* faire. Le doute et la peur sont les grands ennemis de la connaissance, et celui qui les encourage, qui ne les tue pas, se contrecarre à chaque pas.

Celui qui a vaincu le doute et la peur a vaincu l'échec. Chacune de ses pensées est alliée à la puissance, et toutes les difficultés sont courageusement affrontées et sagement surmontées. Ses desseins sont plantés selon les saisons, et ils fleurissent et produisent des fruits, qui ne tombent pas prématurément sur le sol.

La pensée alliée intrépidement au but devient force créatrice : celui qui *sait* cela est prêt à devenir quelque chose de plus élevé et de plus fort qu'un simple faisceau de pensées vacillantes et de sensations fluctuantes ; celui qui *fait* cela est devenu le manieur conscient et intelligent de ses facultés mentales.

LE FACTEUR DE PENSÉE DANS LA RÉUSSITE

Tout ce qu'un homme accomplit et tout ce qu'il ne parvient pas à accomplir est le résultat direct de ses propres pensées. Dans un univers justement ordonné, où la perte d'équilibre signifierait la destruction totale, la responsabilité individuelle doit être absolue. La faiblesse et la force de l'homme, la pureté et l'impureté, sont les siennes, et non celles d'un autre homme ; elles sont provoquées par lui-même, et non par un autre ; et elles ne peuvent être modifiées que par lui-même, jamais par un autre. Sa condition est aussi la sienne, et non celle d'un autre homme. Sa souffrance et son bonheur ont évolué de l'intérieur. Tel qu'il pense, tel il est ; Tant qu'il continue à penser, il reste.

Un homme fort ne peut pas aider un plus faible à moins que ce dernier ne *veuille* être aidé, et même alors l'homme faible doit devenir fort de lui-même ; il doit, par ses propres efforts, développer la force qu'il admire chez un autre. Il n'y a que lui-même qui puisse changer sa condition.

Il est d'usage que les hommes pensent et disent : « Beaucoup d'hommes sont esclaves parce que l'un est un oppresseur ; haïssons l'oppresseur. Aujourd'hui, cependant, il y a de plus en plus de gens une tendance à renverser ce jugement et à dire : « Un seul homme est un oppresseur parce que beaucoup sont esclaves ; méprisons les esclaves.

La vérité est que l'oppresseur et l'esclave sont coopérateurs dans l'ignorance et, tout en semblant s'affliger mutuellement, ils s'affligent en réalité eux-mêmes. Une connaissance parfaite perçoit l'action de la loi dans la faiblesse de l'opprimé et le pouvoir mal appliqué de l'oppresseur ; un Amour parfait, voyant la souffrance que les deux états entraînent, ne condamne ni l'un ni l'autre ; une compassion parfaite embrasse à la fois l'oppresseur et l'opprimé.

Celui qui a vaincu la faiblesse et qui a rejeté toute pensée égoïste, n'appartient ni à l'oppresseur ni à l'opprimé. Il est libre.

Un homme ne peut s'élever, conquérir et réussir qu'en élevant ses pensées. Il ne peut que rester faible, abject et misérable en refusant d'élever ses pensées.

Avant qu'un homme puisse accomplir quoi que ce soit, même dans les choses du monde, il doit élever ses pensées au-dessus de l'indulgence animale servile. Il ne peut pas, pour réussir, renoncer à toute animalité et à tout égoïsme, par quelque moyen que ce soit ; mais une partie de celle-ci doit, au moins, être sacrifiée. Un homme dont la première pensée est l'indulgence bestiale ne pouvait ni penser clairement ni planifier méthodiquement ; Il ne pouvait pas trouver et développer ses ressources latentes, et échouerait dans n'importe quelle entreprise. N'ayant pas commencé à contrôler virilement ses pensées, il n'est pas en mesure de contrôler les affaires et d'assumer de sérieuses responsabilités. Il n'est pas apte à agir de manière indépendante et autonome. Mais il n'est limité que par les pensées, qu'il choisit.

Il ne peut y avoir de progrès, pas d'accomplissement sans sacrifice, et le succès mondain d'un homme sera dans la mesure où il sacrifiera ses pensées animales confuses et fixera son esprit sur le développement de ses plans, et le renforcement de sa résolution et de sa confiance en soi. Et plus il élève ses pensées, plus il devient viril, droit et juste, plus grand sera son succès, plus ses réalisations seront bénies et durables.

L'univers ne favorise pas l'avidité, le malhonnête, le vicieux, bien qu'en surface, il puisse parfois sembler le faire ; Il aide les honnêtes, les magnanimes, les vertueux. Tous les grands Instructeurs des âges l'ont déclaré sous des formes diverses, et pour le prouver et le connaître, un homme n'a qu'à persister à se rendre de plus en plus vertueux en élevant ses pensées.

Les réalisations intellectuelles sont le résultat d'une pensée consacrée à la recherche de la connaissance, ou du beau et du vrai dans la vie et la nature. De telles réalisations peuvent parfois être liées à la vanité et à l'ambition, mais elles ne sont pas le résultat de ces caractéristiques ; Elles sont le résultat naturel d'efforts longs et ardus, et de pensées pures et désintéressées.

Les réalisations spirituelles sont la consommation de saintes aspirations. Celui qui vit constamment dans la conception de pensées nobles et élevées, qui s'attarde sur tout ce qui est pur et désintéressé, deviendra, aussi sûrement que le soleil atteint son zénith et la lune sa pleine maturité, sage et noble de caractère, et s'élèvera dans une position d'influence et de béatitude.

L'accomplissement, quel qu'il soit, est la couronne de l'effort, le diadème de la pensée. Avec l'aide de la maîtrise de soi, de la résolution, de la pureté, de la droiture et de la pensée bien dirigée, l'homme s'élève ; Avec l'aide de l'animalité, de l'indolence, de l'impureté, de la corruption et de la confusion de la pensée, l'homme descend.

Un homme peut s'élever à un grand succès dans le monde, et même à de hautes altitudes dans le domaine spirituel, et retomber dans la faiblesse et la misère en permettant à des pensées arrogantes, égoïstes et corrompues de prendre possession de lui.

Les victoires obtenues par la pensée droite ne peuvent être maintenues que par la vigilance. Beaucoup cèdent lorsque le succès est assuré et retombent rapidement dans l'échec.

Toutes les réalisations, qu'elles soient dans le monde des affaires, intellectuel ou spirituel, sont le résultat d'une pensée nettement dirigée, sont régies par la même loi et sont de la même méthode ; la seule différence réside dans *l'objet de l'accomplissement.*

Celui qui veut accomplir peu doit sacrifier peu ; Celui qui veut accomplir beaucoup doit sacrifier beaucoup ; Celui qui veut atteindre le haut niveau doit faire de grands sacrifices.

VISIONS ET IDÉAUX

LES rêveurs sont les sauveurs du monde. De même que le monde visible est soutenu par l'invisible, de même les hommes, à travers toutes leurs épreuves, leurs péchés et leurs vocations sordides, se nourrissent des belles visions de leurs rêveurs solitaires. L'humanité ne peut pas oublier ses rêveurs ; elle ne peut pas laisser leurs idéaux s'estomper et mourir ; elle vit en eux ; Il les connaît comme les *réalités* qu'il verra et connaîtra un jour.

Compositeur, sculpteur, peintre, poète, prophète, sage, ce sont les faiseurs de l'au-delà, les architectes du ciel. Le monde est beau parce qu'ils ont vécu ; Sans eux, l'humanité laborieuse périrait.

Celui qui chérit une belle vision, un idéal élevé dans son cœur, le réalisera un jour. Colomb chérissait la vision d'un autre monde, et il l'a découvert ; Copernic a encouragé la vision d'une multiplicité de mondes et d'un univers plus vaste, et il l'a révélée ; Bouddha a eu la vision d'un monde spirituel d'une beauté sans tache et d'une paix parfaite, et il y est entré.

Chérissez vos visions ; chérissez vos idéaux ; chéris la musique qui s'agite dans ton cœur, la beauté qui se forme dans ton esprit, la beauté qui drape tes pensées les plus pures, car d'elles naîtront toutes les conditions délicieuses, tout l'environnement céleste ; Si vous leur restez fidèle, votre monde sera enfin construit.

Désirer, c'est obtenir ; Aspirer, c'est réussir. Les désirs les plus vils de l'homme recevront-ils la plus grande mesure de satisfaction, et ses aspirations les plus pures mourront-elles de faim faute de subsistance ? Telle n'est pas la Loi : une telle condition de choses ne peut jamais être obtenue : « demander et recevoir ».

Rêvez de rêves élevés, et comme vous rêvez, vous deviendrez ainsi. Ta vision est la promesse de ce que tu seras un jour ; votre Idéal est la prophétie de ce que vous allez enfin dévoiler.

La plus grande réalisation était d'abord et pour un temps un rêve. Le chêne dort dans le gland ; l'oiseau attend dans l'œuf ; et dans la vision la plus élevée de l'âme, un ange éveillé s'agite. Les rêves sont les germes des réalités.

Votre situation peut être antipathique, mais elle ne le restera pas longtemps si vous percevez un Idéal et vous efforcez de l'atteindre. Vous ne pouvez pas voyager *à l'intérieur* et rester immobile *à l'extérieur*. Voici une jeunesse accablée par la misère et le travail, confinée de longues heures dans un atelier malsain, sans instruction et dépourvue de tous les arts du raffinement. Mais il rêve de meilleures choses ; Il pense à l'intelligence, au raffinement, à la grâce et à la beauté. Il conçoit, construit mentalement, une condition de vie idéale ; la vision d'une liberté plus grande et d'une portée plus grande s'empare de lui ; L'agitation le pousse à l'action, et il utilise tout son temps libre et tous ses moyens, aussi petits soient-ils, pour développer ses pouvoirs et ses ressources latents. Très vite, son esprit est devenu si changé que l'atelier ne peut plus le retenir. Il est devenu si désaccord avec sa mentalité qu'il tombe de sa vie comme un vêtement est jeté et, avec la croissance des opportunités, qui correspondent à l'étendue de ses pouvoirs en expansion, il en disparaît pour toujours. Des années plus tard, nous voyons ce jeune homme comme un homme adulte. On le trouve maître de certaines forces de l'esprit, qu'il exerce avec une influence mondiale et une puissance presque inégalée. Il tient dans ses mains les cordes de responsabilités gigantesques ; Il parle, et voilà, des vies sont changées ; Les hommes et les femmes s'accrochent à ses paroles et en redessinent les caractères, et, comme le soleil, il devient le centre fixe et lumineux autour duquel tournent d'innombrables destins. Il a réalisé la Vision de sa jeunesse. Il ne fait plus qu'un avec son Idéal.

Et vous aussi, jeune lecteur, vous réaliserez la Vision (et non pas le vœu vain) de votre cœur, qu'il soit vil ou beau, ou un mélange des deux, car vous graviterez toujours vers ce que vous aimez, secrètement, le plus. Dans vos mains seront placés les résultats exacts de vos propres pensées ; tu recevras ce que tu gagnes ; Ni plus, ni moins. Quel que soit votre environnement actuel, vous tomberez, resterez ou vous élèverez avec vos pensées, votre Vision, votre Idéal. Vous deviendrez aussi petit que votre désir de contrôle ; aussi grande que votre aspiration dominante : selon les belles paroles de Stanton Kirkham Davis, « Il se peut que vous soyez en train de tenir des comptes, et bientôt vous sortirez de la porte qui vous a si longtemps semblé la barrière de vos idéaux, et vous vous retrouverez devant un public – la plume toujours derrière votre oreille, les taches d'encre sur vos doigts et alors et là vous déverserez le torrent de votre inspiration. Il se peut que tu conduises des moutons, et que tu vagabonds vers la ville, bucolique et bouche bée ; erre sous la direction intrépide de l'esprit dans l'atelier du maître, et après un certain temps, il dira : « Je n'ai plus rien à t'enseigner. » Et maintenant, vous êtes devenu le maître, qui a si récemment rêvé de grandes choses en conduisant des moutons. Tu poseras la scie et le rabot pour prendre sur toi la régénération du monde.

Les irréfléchis, les ignorants et les paresseux, ne voyant que les effets apparents des choses et non les choses elles-mêmes, parlent de chance, de fortune et de hasard. En voyant un homme s'enrichir, ils disent : « Comme il a de la chance ! » En voyant un autre devenir intellectuel, ils s'écrient : « Comme il est favorisé ! » Et remarquant le caractère saint et la grande influence d'un autre, ils remarquent : « Comme le hasard l'aide à chaque tournant ! » Ils ne voient pas les épreuves, les échecs et les luttes que ces hommes ont volontairement rencontrés pour acquérir leur expérience ; n'ont aucune connaissance des sacrifices qu'ils ont faits, des efforts intrépides qu'ils ont déployés, de la foi qu'ils ont exercée, afin de pouvoir vaincre ce qui semblait insurmontable et réaliser la vision de leur cœur. Ils ne connaissent pas les ténèbres et les chagrins ; Ils ne voient que la lumière et la joie, et appellent cela « chance ». Ils ne voient pas le voyage long et ardu, mais contemplent seulement le but agréable, et l'appellent « bonne fortune », ne comprennent pas le processus, mais perçoivent seulement le résultat, et l'appellent hasard.

Dans toutes les affaires humaines, il y a *des efforts,* et il y a des *résultats,* et la force de l'effort est la mesure du résultat. Le hasard ne l'est pas. Les dons, les pouvoirs, les possessions matérielles, intellectuelles et spirituelles sont le fruit de l'effort ; Ce sont des pensées achevées, des objets accomplis, des visions réalisées.

La Vision que vous glorifiez dans votre esprit, l'Idéal que vous intronisez dans votre cœur, c'est par cela que vous construirez votre vie, c'est ce que vous deviendrez.

SÉRÉNITÉ

Le calme de l'esprit est l'un des beaux joyaux de la sagesse. C'est le résultat d'un long et patient effort de maîtrise de soi. Sa présence est le signe d'une expérience mûrie et d'une connaissance plus qu'ordinaire des lois et des opérations de la pensée.

Un homme devient calme dans la mesure où il se comprend lui-même comme un être évolué par la pensée, car une telle connaissance nécessite la compréhension des autres comme résultat de la pensée, et à mesure qu'il développe une compréhension juste, et voit de plus en plus clairement les relations internes des choses par l'action de la cause et de l'effet, il cesse de s'agiter et de fulminer, de s'inquiéter et de s'affliger. et reste posé, inébranlable, serein.

L'homme calme, ayant appris à se gouverner lui-même, sait s'adapter aux autres ; Et eux, à leur tour, vénèrent sa force spirituelle et sentent qu'ils peuvent apprendre de lui et compter sur lui. Plus un homme devient tranquille, plus son succès, son influence, sa puissance pour le bien sont grands. Même le commerçant ordinaire verra sa prospérité commerciale augmenter à mesure qu'il développera une plus grande maîtrise de soi et une plus grande équanimité, car les gens préféreront toujours traiter avec un homme dont le comportement est fortement égal.

L'homme fort et calme est toujours aimé et vénéré. Il est comme un arbre qui donne de l'ombre dans un pays assoiffé, ou un rocher qui s'abrite dans une tempête. « Qui n'aime pas un cœur tranquille, une vie douce et équilibrée ? Peu importe qu'il pleuve ou qu'il vente, ou quels changements arrivent à ceux qui possèdent ces bénédictions, car ils sont toujours doux, sereins et calmes. Cet équilibre exquis du caractère, que nous appelons sérénité, est la dernière leçon de la culture, le fruit de l'âme. Il est précieux comme la sagesse, plus désirable que l'or, oui, même que l'or fin. Comme la simple recherche de l'argent semble insignifiante en comparaison d'une vie sereine – une vie qui habite dans l'océan de la Vérité, sous les vagues, hors de portée des tempêtes, dans le Calme éternel !

Combien de gens connaissons-nous qui aigrissent leur vie, qui ruinent tout ce qu'il y a de doux et de beau par des tempéraments explosifs, qui détruisent l'équilibre de leur caractère et font du mauvais sang ! C'est la question de savoir si la grande majorité des gens ne ruinent pas leur vie et ne gâchent pas leur bonheur par manque de maîtrise de soi. Combien peu de gens nous rencontrons dans la vie qui soient bien équilibrés, qui aient cet aplomb exquis qui est caractéristique du caractère fini !

Oui, l'humanité surgit d'une passion incontrôlée, est tumultueuse d'un chagrin incontrôlé, est emportée par l'anxiété et le doute, seul le sage, seul celui dont les pensées sont contrôlées et purifiées, fait obéir les vents et les tempêtes de l'âme.

Âmes agitées par la tempête, où que vous soyez, dans quelles conditions vous vivez, sachez que dans l'océan de la vie, les îles de la béatitude sourient, et le rivage ensoleillé de votre idéal attend votre venue. Gardez la main fermement sur le gouvernail de la pensée. Dans l'écorce de ton âme repose le Maître qui commande ; Il ne fait que dormir, réveille-le. La maîtrise de soi est la force ; La pensée juste est la maîtrise ; Le calme, c'est le pouvoir. Dis à ton cœur : « Paix, tais-toi ! »

Printed at Repro India Ltd.